Матіас Фідлер

Ідея інноваційного підбору нерухомості: спрощення процесу посередництва при операціях із нерухомістю

Підбір нерухомості: ефективне, просте й професійне посередництво при операціях із нерухомістю завдяки інноваційному порталу підбору нерухомості

Вихідні дані

1-е видання в друкованій формі | Лютий 2017 р.
(Оригінальний текст німецькою видано в грудні 2016 р.)

© Матіас Фідлер, 2016 р.

Матіас Фідлер
Erika-von-Brockdorff-Str. 19
41352 Korschenbroich
Deutschland (Німеччина)
www.matthiasfiedler.net

Виготовлення та друк:
Див. відомості на останній сторінці

Зображення на обкладинці: Матіас Фідлер
Створення електронної книги: Матіас Фідлер

ISBN-13 (м'яка обкладинка): 978-3-947082-51-3
ISBN-13 (електронна книга, mobi): 978-3-947082-52-0
ISBN-13 (електронна книга, epub): 978-3-947082-53-7

Бібліографічні відомості Національної бібліотеки
Німеччини: Національна бібліотека Німеччина реєструє
дану публікацію в Національній бібліографії Німеччини;
детальні бібліографічні відомості можна отримати в
Інтернеті за адресою http://dnb.d-nb.de.

АНОТАЦІЯ

У цій книзі викладається революційна концепція порталу підбору нерухомості (застосунку — програми) з оцінкою значного потенційного обороту (у мільярдах євро), який інтегрується з програмним забезпеченням агента з нерухомості, включаючи оцінку нерухомості (потенційний оборот становить мільярди євро).

За допомогою цього інструмента можна ефективно й швидко підбирати житлову та комерційну нерухомість для придбання або оренди. Це майбутнє інноваційного та професійного посередництва при операціях із нерухомістю для всіх агентів із нерухомості та людей, які шукають нерухомість. Підбір нерухомості доступний майже в усіх країнах і дає змогу навіть виходити за межі країн.

Замість того щоб «пропонувати» нерухомість покупцям або орендарям взагалі, портал підбору нерухомості аналізує профіль пошуку клієнта та пропонує відповідні варіанти від агента з нерухомості.

ВМІСТ

ПЕРЕДМОВА

У 2011 році я придумав описану тут ідею інноваційного підбору нерухомості.

Я працюю у сфері нерухомості починаючи з 1998 року (зокрема, посередництво в операціях із нерухомістю, купівля та продаж, оцінка, здача в оренду та забудова земельних ділянок). Поміж іншого, я дипломований фахівець із нерухомості (IHK), дипломований економіст із нерухомості (ADI), експерт з оцінки нерухомості (DEKRA), а також член міжнародно визнаної Спілки агентів із нерухомості Королівського інституту дипломованих оцінювачів (MRICS).

Матіас Фідлер
Korschenbroich, 31.10.2016
www.matthiasfiedler.net

1. Ідея інноваційного підбору нерухомості: спрощення процесу посередництва при операціях із нерухомістю

Підбір нерухомості: ефективне, просте й професійне посередництво при операціях із нерухомістю завдяки інноваційному порталу підбору нерухомості

Замість того щоб «пропонувати» нерухомість покупцям або орендарям взагалі, портал підбору нерухомості (застосунок — програма) аналізує профіль пошуку клієнта та пропонує відповідні варіанти від агента з нерухомості.

2. Цілі клієнтів і власників нерухомості

Продавець нерухомості або орендодавець бажає швидко продати або здати в оренду свою нерухомість за якомога більшу ціну.

Продавець або орендар бажає швидко та без проблем придбати або взяти в оренду нерухомість, яка його влаштовує.

3. Традиційний процес пошуку нерухомості

Як правило, клієнти переглядають об'єкти нерухомості в потрібному регіоні на великому порталі нерухомості. Після створення короткого профілю пошуку можна замовити розсилку електронною поштою об'єктів нерухомості або списку з посиланнями на відповідні об'єкти. Часто це відбувається на 2–3 порталах нерухомості. Нарешті, як правило, з власниками потрібно зв'язуватися електронною поштою. Таким чином власники отримують можливість і дозвіл зв'язатися з клієнтом.

Крім того, іноді клієнти зв'язуються з агентом із нерухомості в потрібному регіоні, після чого також складається профіль пошуку.

Продавці, представлені на порталі нерухомості, можуть бути приватними або професійними. Професійні продавці — це в основному агенти з нерухомості та частково забудовники, торговці нерухомістю, а також агентства з нерухомості (у тексті професійні продавці називаються агентами з нерухомості).

4. Недоліки приватних продавців / переваги агентів із нерухомості

У разі покупки нерухомості в приватного продавця не завжди вдається швидко оформити угоду з продажу, оскільки, наприклад, у разі успадкованої нерухомості спадкоємці можуть не дійти згоди або може бракувати свідоцтва про право на спадщину. Крім того, продаж може ускладнюватися через нез'ясовані правові моменти, наприклад, через право на користування житловим приміщенням.

Що стосується орендованої нерухомості, може бути так, що приватний орендодавець не отримав офіційний дозвіл від органів влади, наприклад, коли комерційна нерухомість (площа) має здаватися в оренду як житлове приміщення.

Коли в якості продавця виступає агент із нерухомості, як правило, він з'ясовує всі вищеназвані аспекти. Крім того, часто вже готові всі відповідні документи на нерухомість (план, загальний план, енергетичний паспорт, кадастр, документи від органів влади тощо). – Таким чином, можна швидко та без проблем оформити продаж або оренду.

5. Підбір нерухомості

Щоб швидко й ефективно звести разом клієнта та продавця або орендодавця, зазвичай важливо застосовувати системний і професійний підхід.

Для цього в процесі пошуку потрібно поміняти місцями агента з нерухомості та клієнта. Це означає, що, замість того щоб «пропонувати» нерухомість покупцям або орендарям взагалі, портал підбору нерухомості (програма) аналізує профіль пошуку клієнта та пропонує йому відповідні варіанти від агента з нерухомості.

Перший крок має зробити клієнт: для цього він створює конкретний профіль пошуку на порталі підбору нерухомості. Цей профіль пошуку включає приблизно 20 критеріїв.

Зокрема, наступні критерії (це не вичерпний список) є важливими для профілю пошуку.

- Регіон/поштовий індекс/місто
- Тип об'єкта
- Розмір земельної ділянки
- Житлова площа
- Ціна продажу/вартість оренди
- Рік побудови
- Поверх
- Кількість кімнат
- Здається в оренду (так/ні)
- Льох (так/ні)
- Балкон/тераса (так/ні)
- Тип опалення
- Стоянка (так/ні)

При цьому важливо, що ці критерії вказуються не довільно: для цього потрібно клацнути відповідний пункт критерію (наприклад, тип об'єкта) та вибрати зі списку запропоновані варіанти (наприклад, для типу об'єкта: квартира, будинок на одну сім'ю, складське приміщення, офіс...).

Крім того, за бажанням клієнт може створити інші профілі пошуку. Також можна змінити профіль пошуку.

Клієнт також має вказати повні контактні відомості у відповідних полях. Це ім'я, прізвище, вулиця, номер будинку, поштовий індекс, місто, номер телефону й адреса електронної пошти.
Також клієнти дають згоду на збирання контактних даних і отримання розсилки з об'єктами нерухомості від агентів із нерухомості.

Крім того, клієнти укладають угоду з оператором порталу підбору нерухомості.

На наступному етапі профілі пошуку стають доступними для підключених агентів із нерухомості: їх можна порівнювати, але вони ще не відображаються. Для цього використовується програмний інтерфейс, наприклад openimmo в Німеччині. Слід зазначити, що цей програмний інтерфейс — тобто ключ для обміну даними — має підтримувати майже всі програми для агентів із нерухомості, які наразі представлені на ринку. Крім того, має забезпечуватися передача даних. Якщо це не так, це потрібно забезпечити технічно. – Оскільки в цій сфері вже використовуються програмні інтерфейси, як, наприклад, вищезгаданий програмний інтерфейс openimmo, а також інші розробки, передача профілю пошуку має бути можливою.

Тепер агенти з нерухомості порівнюють профілі пошуку з об'єктами нерухомості, які наразі в них у розпорядженні. Для цього об'єкт нерухомості викладається на портал підбору нерухомості, після чого відповідні критерії порівнюються та пов'язуються.

Після успішного зіставлення відображається результат підбору у відсотках. – У разі збігу, наприклад, на 50 % профілі пошуку стають видимими в програмі агента з нерухомості.

При цьому окремі критерії мають відповідну вагу (система балів), що дає змогу після зіставлення критеріїв вирахувати відсоток відповідності (вірогідність згоди). – Наприклад, критерій «Тип об'єкта» має більшу вагу, ніж критерій «Житлова площа». Крім того, можна вибирати окремі критерії (наприклад, наявність льоху), яким має відповідати ця нерухомість.

Що стосується зіставлення критеріїв під час підбору, слід пам'ятати про те, що агенти з нерухомості повинні мати доступ лише до вибраних (указаних) регіонів. Це полегшує зіставлення даних. Тим більше, агенти з нерухомості дуже часто працюють лише в певній місцевості. – Слід зазначити, що наразі можна зберігати й обробляти великі масиви даних за допомогою так званої «хмари».

Щоб забезпечити професійне посередництво під час операцій із нерухомістю, доступ до профілів пошуку мають лише агенти з нерухомості.

Для цього агенти з нерухомості укладають угоду з оператором порталу підбору нерухомості.

Після зіставлення та підбору агенти з нерухомості можуть зв'язатися з клієнтом або навпаки. Це також означає, що, коли агент із нерухомості надсилає клієнту проспект об'єкта, це є документальним підтвердженням операції, а також права агента з нерухомості на отримання комісії в разі продажу або здачі в оренду.

Це передбачає, що агент із нерухомості отримав замовлення від власника (продавця або орендодавця) на посередництво або він отримав згоду на те, щоб пропонувати об'єкт нерухомості.

6. Сфери використання

Описаний у цій публікації підбір нерухомості може використовуватися для продажу й оренди у сфері житлової та комерційної нерухомості. Для комерційної нерухомості потрібно вказувати додаткові критерії об'єкта.

Можлива така ситуація, коли клієнт, а також агент із нерухомості діють за дорученням замовника.

Якщо думати масштабно, портал підбору нерухомості можна розгорнути майже в кожній країні.

7. Переваги

Цей процес підбору нерухомості дає значні переваги клієнтам, коли, наприклад, їм потрібно знайти нерухомість у своєму регіоні (місці проживання) або в іншому місті чи регіоні, якщо вони міняють місце роботи.

Вони лише створюють профіль пошуку й отримують розсилку з відповідними об'єктами нерухомості від агентів із нерухомості, які працюють у потрібному їм регіоні.

Агенти з нерухомості також отримують значні переваги з точки зору ефективності й економії часу під час продажу або здачі в оренду.

Вони безпосередньо отримують інформацію про те, наскільки їхній запропонований об'єкт нерухомості відповідає запитам конкретного клієнта.

Крім того, агенти нерухомості можуть напряму звертатися до відповідної цільової групи клієнтів, які висловили конкретні думки щодо бажаної нерухомості шляхом створення профілю пошуку (зокрема, розсилаючи їм проспекти з описами нерухомості).

Таким чином для клієнтів підвищується якість установлених контактів, оскільки вони знають, що шукають. Так зменшується кількість наступних оглядів об'єкта перед укладенням угоди. – Крім того, зменшується загальний термін підготовки до продажу для об'єкта нерухомості.

Нарешті, після огляду нерухомості клієнтом, як зазвичай, укладається угода про купівлю або оренду.

8. Приклад розрахунку (потенційна вигода) — лише власні квартири та будинки (без урахування орендованих квартир і будинків, а також комерційної нерухомості)

З наступного прикладу стає ясно, який потенціал має портал підбору нерухомості.

В економічному регіоні з 250 000 жителів, наприклад у місті Менхенгладбах, згідно з даними статистики, існує приблизно 125 000 домогосподарств (по 2 мешканці на одне домогосподарство). Середній відсоток переїздів становить близько 10 %. Таким чином, кожного року 12 500 домогосподарств переїжджають. – При цьому не враховується сальдо притоку та відтоку населення в Менхенгладбаху. – Приблизно 10 000 сімей (80 %) шукають нерухомість в оренду, приблизно 2 500 сімей (20 %) — нерухомість на продаж.

Відповідно до звіту про ринок земельних ділянок, складеного комісією експертів Менхенгладбаха, у 2012 році було зареєстровано 2613 угод про купівлю нерухомості. – Це підтверджує вищевказану цифру в 2500 потенційних клієнтів-покупців. Реальні показники можуть бути більшими, оскільки, наприклад, не кожен клієнт міг знайти потрібний об'єкт нерухомості. За оцінками, фактична кількість потенційних покупців, точніше кількість профілів пошуку, може бути вдвічі більшою за середній відсоток переїзду 10 % (тобто 25 000 профілів пошуку). Зокрема, при цьому враховується, що клієнти могли створити на порталі підбору нерухомості по кілька профілів пошуку.

Слід зазначити, що, як показує практика, приблизно половина всіх клієнтів (покупців і орендарів) знайшли свій об'єкт нерухомості через агента, що в цілому становить 6250 домогосподарств.

Проте практика показує, що пошук на порталах нерухомості в Інтернеті проводили принаймні 70 % усіх домогосподарств, що в цілому становить 8750 домогосподарств (відповідно 17 500 профілів пошуку).

Якби 30 % усіх потенційних клієнтів, тобто 3750 домогосподарств (відповідно 7500 профілів пошуку) в такому місті, як Менхенгладбах, створили профіль пошуку на порталі підбору нерухомості (програмі), підключені агенти з нерухомості могли би пропонувати свої об'єкти 1500 конкретним профілям пошуку (20 %) потенційних покупців і 6000 конкретним профілям пошуку (80 %) потенційних орендарів протягом року.

Це означає, що в разі середньої тривалості пошуку 10 місяців і при орієнтовній ціні 50 євро в місяць за кожен профіль пошуку, створений клієнтом, для 7500 профілів пошуку потенційний оборот складає 3 750 000 євро на рік у місті з 250 000 мешканцями.

Приблизний розрахунок для Федеративної Республіки Німеччина, де проживає приблизно 80 000 000 (80 млн) людей, дає потенційний оборот у розмірі 1 200 000 000 (1,2 млрд) євро на рік. – Якби замість 30 % усіх потенційних клієнтів, наприклад, 40 % усіх потенційних клієнтів шукали нерухомість через портал підбору нерухомості, потенційний оборот зріс би до 1 600 000 000 (1,6 млрд) євро на рік.

Під час розрахунку потенційного обороту враховувалися лише власні квартири та будинки. При цьому не враховувалися орендовані та прибуткові об'єкти в секторі житлової нерухомості, а також не враховувалася комерційна нерухомість у цілому.

Наразі в Німеччині у сфері нерухомості працює приблизно 50 000 підприємств (включаючи пайових забудовників, торговців нерухомістю й інші агенції з нерухомості) зі штатом приблизно 200 000 працівників. Якщо 20 % з цих 50 000 підприємств придбають у середньому по 2 ліцензії для використання порталу підбору нерухомості, за приблизної вартості ліцензії 300 євро на місяць потенційний оборот складає 72 000 000 (72 млн) євро на рік. Крім того, якщо буде реалізовано аналіз профілів пошуку за регіоном, залежно від побудови, може з'явитися можливість для додаткових прибутків.

Завдяки цьому значному потенціалу агенти з нерухомості більше не мусять постійно оновлювати свої бази даних потенційних клієнтів, оскільки потенційні клієнти вже створили профілі пошуку. Тим більше, дуже вірогідно, що кількість фактичних профілів пошуку перевищить кількість профілів пошуку, створених агентами з нерухомості у своїх базах даних.

Коли цей інноваційний портал підбору нерухомості буде доступний у кількох країнах, потенційні клієнти, наприклад, із Німеччини зможуть створити профіль пошуку дому відпочинку на середземноморському острові Майорка (Іспанія), після чого

підключені агенти з нерухомості на Майорці зможуть надсилати відповідні пропозиції клієнтам із Німеччини електронною поштою.
– Якщо відправлені проспекти будуть складені іспанською, потенційні клієнти зможуть швидко перекласти їх німецькою за допомогою програм перекладу в Інтернеті.

Щоб можна було зіставляти профілі пошуку й об'єкти нерухомості на різних мовах, портал підбору нерухомості може зіставляти відповідні критерії за допомогою запрограмованих (математичних) критеріїв — незалежно від мови — після чого пов'язувати їх із конкретною мовою.

У разі використання порталу підбору нерухомості на всіх континентах приблизний потенційний оборот (лише для клієнтів, що шукають нерухомість) становитиме:

Населення світу:

7 500 000 000 (7,5 млрд) жителів

1. Населення в промислових країнах і переважно промислових країнах:

2 000 000 000 (2,0 млрд) жителів

2. Населення в країнах із перехідною економікою:

4 000 000 000 (4,0 млрд) жителів

3. Населення в країнах, що розвиваються:

1 500 000 000 (1,5 млрд) жителів

Щорічний потенційний оборот Федеративної Республіки Німеччина, який становить 1,2 млрд євро для 80 млн жителів, конвертується й обчислюється для промислових країн, країн із перехідною економікою та країн, що розвиваються, з урахуванням таких коефіцієнтів.

1. Промислові країни: 1,0

2. Країни з перехідною економікою: 0,4

3. Країни, що розвиваються: 0,1

Таким чином, щорічний потенційний оборот (1,2 млрд євро х населення (промислові країни, країни з перехідною економікою або країни, що розвиваються) / 80 млн жителів х коефіцієнт).

1. Промислові країни: 30,00 млрд євро

2. Країни з перехідною
   економікою: 24,00 млрд євро

3. Країни, що розвиваються: 2,25 млрд євро

Усього: **56,25 млрд євро**

9. Висновок

Описаний у цій публікації портал підбору нерухомості дає значні переваги клієнтам, що шукають нерухомість, і агентам із нерухомості.

1. Для потенційних клієнтів значно скорочується тривалість пошуку потрібного об'єкта, оскільки клієнти створюють профіль пошуку лише один раз.
2. Агенти з нерухомості отримують загальну інформацію щодо кількості клієнтів з конкретними побажаннями (профіль пошуку).
3. Клієнти отримують від агентів із нерухомості пропозиції лише для об'єктів, які їм підходять (за профілем пошуку), оскільки відбувається автоматичний попередній відбір.

4. Агенти з нерухомості не мають витрачати значні зусилля на ведення індивідуальної бази даних профілів пошуку, оскільки вони матимуть постійний доступ до поточних профілів пошуку.

5. Оскільки до порталу підбору нерухомості підключені лише професійні продавці/агенти з нерухомості, потенційні клієнти працюватимуть лише з професійними та часто досвідченими посередниками.

6. Для агентів із нерухомості зменшується кількість оглядів об'єкта, а також тривалість підготовки до продажу в цілому. У свою чергу, для потенційних клієнтів також зменшується кількість оглядів і час до укладення угоди про продаж або оренду.

7. А це економить час власникам об'єктів нерухомості, що продаються або здаються в оренду. Крім того, завдяки цьому орендована нерухомість менше простоює, а нерухомість на продаж швидше продається за свою ціну, що дає додаткові переваги.

У разі реалізації цієї ідеї порталу підбору нерухомості може статися значний прогрес у сфері посередництва в операціях із нерухомістю.

10. Підключення порталу підбору нерухомості до нового програмного забезпечення для агентів із нерухомості, включаючи оцінку нерухомості

Нарешті, описаний у цій публікації портал підбору нерухомості може та навіть має з самого початку стати важливим компонентом нового — в ідеалі використовуваного у всьому світі — програмного забезпечення для агентів із нерухомості. Тобто агенти з нерухомості можуть використовувати портал підбору нерухомості разом із уже існуючими програмами або в ідеалі перейти на нове програмне забезпечення, яке включатиме оцінку об'єктів нерухомості.

Завдяки інтеграції цього ефективного й інноваційного порталу підбору нерухомості з власним програмним забезпеченням для агентів із нерухомості буде створено комплексне рішення для операцій із нерухомістю, яке зможе отримати суттєву частку на ринку.

Оскільки в посередництві в операціях із нерухомістю оцінка об'єктів нерухомості завжди є важливим компонентом, програмне забезпечення для агентів із нерухомості має обов'язково включати інструмент оцінки нерухомості. Оцінка нерухомості з відповідними засобами розрахунку може спиратися на дані та параметри, указані агентами для об'єктів нерухомості. Якщо певні параметри відсутні, агент із нерухомості може додати їх, спираючись на знання ринку у своєму регіоні.

Крім того, програмне забезпечення для агентів із нерухомості має підтримувати функцію так званих віртуальних турів по об'єктах нерухомості. Цей процес можна полегшити, наприклад, якщо розробити додаткову програму для мобільних телефонів і/або планшетів, за допомогою якої можна буде автоматично записати віртуальний тур, після чого завантажити його до програми агента з нерухомості.

Якщо ефективний і інноваційний портал підбору нерухомості буде інтегрований із новим програмним забезпеченням для агентів із нерухомості разом з оцінкою об'єктів нерухомості, це значно збільшить потенційний оборот.

Матіас Фідлер

Korschenbroich, 31.10.2016

Матіас Фідлер

Erika-von-Brockdorff-Str. 19

41352 Korschenbroich

Deutschland (Німеччина)

www.matthiasfiedler.net